EDICT DV ROY, ſur le faict des Duels & rencontres.

Publié en Parlement le 24. Mars 1626.

A PARIS,
Chez C. MOREL, P. METTAYER, & A. ESTIENE, Imprimeurs ordinaires du Roy.
M. DCXXVI.
Auec Priuilege de ſa Maieſté.

LOVIS par la grace de Dieu, Roy de France & de Nauarre, A tous presens & à venir, Salut. Comme il n'y a rien qui viole plus sacrilegement la loy de Dieu que la rage effrenee des duels, ny qui soit plus contraire à la conseruation & augmentation de nostre Estat, en ce qu'il se perd par cette fureur grand nombre de nostre Noblesse, qui en est vne des principales colomnes : Aussi Nous auons iusques icy recherché tous les moyens à Nous possibles pour en arrester le cours par la terreur des peines rigoureuses, & chastimens exemplaires, imposez à ce crime par nos precedens Edicts : Mais d'autant que la qualité desdites peines est telle qu'aucuns de ceux qui ont l'honneur d'approcher plus prés de noſtre perſonne, ont pris ſouuent la liberté de nous importuner pour en moderer la rigueur en diuerſes occaſions : Ce qui a faict que les coulpables qui ont par cette faueur & conſideration obtenu ſur ce nos Lettres d'abolition, ſont demeurez entierement impunis contre noſtre intention : & que d'ailleurs par la conceſſion de ces premieres graces particulieres nous auons eſté n'agueres d'autant plus obligez de deferer à l'inſtante priere qui nous en a eſté faicte de la part de noſtre tres-chere & bien amee ſœur, la Royne de la grande Bretagne, ſur le point & en conſideration de ſon mariage, & des graces, allegreſſes & contentement public qu'en ont deu receuoir tous les peuples de nos Royaumes, d'accorder vne abolition generale de tous leſdits crimes pour le paſſé. Deſirant remedier & pouruoir de nouueau à ce que telles fautes ne ſe commettẽt cy aprés ſur l'eſperance d'impunité, & meſme preuenir & empeſcher la licence & l'effect de toutes les prieres ou importunitez qui nous pourroient eſtre faictes pour exempter les coulpables du chaſtiment qu'ils auront merité, Nous ſans reuoquer nos precedens Edicts pour l'aduenir, Auons aduiſé & reſolu d'eſtablir & impoſer nouuelles peines, d'autant plus conuenables aux fins que nous nous propoſons, qu'eſtans moins rigoureuſes il ſera moins loiſible de nous requerir & importuner pour en deſcharger les coulpables, qui n'en pourront iamais eſtre diſpenſez pour quelque cauſe & par quelque voye que ce puiſſe eſtre.

I.

A ces cauſes de l'aduis de la Royne noſtre tres-honoree Dame & mere,nostre tres-cher & bien amé frere le Duc d'Anjou, Princes de nostre sang, autres Princes Officiers de nostre Couronne, & autres principaux de nostre Conseil, Nous auons en la faueur & consideration de nostre tres-chere & bien amée sœur la Royne de la grande Bretagne, remis, quitté, pardonné & aboly: remettons, quittons, pardonnõs & abolissons, les cas & crimes commis par cy deuant contre nosdits Edicts des duels & rencontres: Remettons les coulpables en leur bonne fame & renommee & en leurs biens, mesmes ceux ou heritiers d'iceux contre lesquels seroient interuenus Arrests de condamnation en nos Cours Souueraines par defauts & contumaces: & imposons sur ce silence perpetuel à nos Procureurs Generaux, leurs Substituts & tous autres, sans preiudice toutefois des dons par nous faits des confiſcations à nous acquiſes , & à la charge que ceux qui s'eſtans battus auront tué, & ſont encore à preſent viuans, ſeront tenus de prendre Lettres particulieres d'abolition de Nous, les faire enregiſtrer en nos Parlemens, & de ſatisfaire aux parties ciuiles, s'il y eſchet. Ordonnons que tous ceux qui tomberont à l'aduenir dans ce crime ſoient appellans ou appellez, nonobſtāt quelques Lettres de grace ou pardons qu'ils puiſſent obtenir de Nous par ſurpriſe ou autrement, demeureront dés lors priuez de toutes leurs charges, s'ils en ont, auſquelles à l'inſtant ſera par nous pourueu, & pareillement deſcheus de toutes penſions & autres graces qu'ils tiendront de nous, ſans eſperance de les recouurer iamais, & qu'en outre ils ſeront punis ſelon la rigueur de nos Edicts precedens , ainſi que les Iuges verront que l'atrocité des crimes & circonstances d'iceux le pourront meriter : laissant à la religion de nosdits Iuges d'infliger plus grandes peines selon qu'ils iugeront en leurs consciences, sans neantmoins que la moderatiõ des peines cy aprés exprimees, se puisse estendre sur ceux qui contreuenans à cet Edict auront tué, auquel cas nous entendons que la rigueur de nos precedens Edicts ait lieu.

II.

Et en cas que ceux qui nous auront contrains de les priuer de leurs charges s'en ressentent enuers ceux que nous en aurons pourueus, & les appellent ou excitent au combat, soit par eux mesmes ou par autruy, par rencontre ou autrement, Nous voulons que telles gens & ceux dont ils se seruiront soient degradez de Noblesse, declarez infames & punis de mort, sans

pouuoir

pouuoir iamais eſtre releuez deſdites peines par aucunes de nos Lettres, auſquelles nous defendons tres-expreſſément à nos Officiers d'auoir eſgard, ſi tant eſt que par ſurpriſe ou autrement ils vinſſent à en obtenir.

III.

Voulons auſſi que le tiers des biens des appellans & appelez demeure confiſqué, moitié aux Hoſpitaux qui seront eſtablis dans les Prouinces pour les ſoldats eſtropiez, dont nous chargeons nos Procureurs Generaux, leurs Subſtituts, & tous ceux qui auront charge de l'adminiſtration deſdits Hoſpitaux, de faire ſoigneuſe recherche & pourſuitte, à peine d'en reſpondre en leur nom : en conſideration de quoy Nous ordonnons que leur actiõ dure pour le temps & eſpace de vingt ans, quand meſme ils ne feroient aucune pourſuitte qui la peut proroger, &

l'autre moitié applicable à nous pour en dispoſer, ſoit en faueur deſdits Hoſpitaux ou autrement, ainſi que nous verrons bon eſtre, le quart de noſtredit demy tiers prealablemẽt pris pour les delateurs: Et au cas que leſdits coulpables fuſſent trouuez dans noſtre Royaume pendant les trois ans de leur banniſſement, Nous voulons qu'vn autre tiers de leur bien ſoit pareillement confiſqué pour la ſuſdite contrauention & infraction de leur ban, applicable comme deſſus, moitié à nous, & l'autre moitié auſdits Hoſpitaux, le quart du premier demy tiers prealablement pris pour les delateurs, & qu'en outre à la diligence de nos Procureurs Generaux ou leurs Subſtituts ſur la premiere delation qui leur en ſera faicte ou aduis à eux donné deſdites infractions de ban, les coulpables ſoient mis & retenus priſonniers iusques à la fin dudit bannissement: enioignant pour cet effect aux Gouuerneurs, Lieutenans Generaux, Baillifs, Seneschaux, Gouuerneurs particuliers de nos villes, & Preuosts des Mareschaux, de leur donner main forte à l'execution de ce que dessus, toutefois & quantes qu'ils en seront requis.

IV.

Et bien que les appellans & appellez esdits duels soient tous coulpables, celuy qui prouoque estant principal autheur du crime de tous les deux, Nous voulons qu'outre les peines cy dessus specifiees, tout appellant ait trois ans de bannissemẽt, & qu'au lieu d'vn tiers de son bien, il en perde la moitié, applicable comme dessus, sans preiudice aussi de plus grande peine, si nos Iuges ordinaires iugent l'atrocité du cas le meriter.

V.

Et pource qu'il est diuerses fois arriué qu'aucuns pour euiter la rigueur des peines que nos Edicts imposent à tels crimes, ont recherché l'occasion de se rencontrer pour couurir le dessein premedité qu'ils auoient de se battre, Nous voulons & ordonnons que si ceux qui auront eu querelle, differens, ou pretendue offense de part & d'autre, viennent à se rencontrer, & se battre seuls ou en pareil estat & nombre de part & d'autre, à pied ou à cheual, l'agresseur soit subiet aux mesmes peines & rigueurs, tant de nostre present Edict que des precedans, encores que d'ailleurs il ne fut pas verifié que son dessein fut premedité: & où l'agression ne se pourra prouuer, Nous entendons que lesdites deux parties soient également chastiees, sauf s'il arriuoit combat en d'autres rencontres de nombre inegal & sans precedente aigreur, à proceder contre les seuls agreſſeurs & coulpables, & les punir par les voyes ordinaires.

VI.

D'autant auſſi qu'il s'eſt trouué d'autres nos ſujets qui ayans pris querelles en noſtredit Royaume, & ſ'eſtans donnez rendez-vous pour ſe battre hors ou ſur les frontieres d'iceluy, ont eſtimé par ce moyen pouuoir eluder l'auctorité de nos Edicts, Nous voulons que ceux qui tomberont en telles fautes ſoient pourſuiuis tãt en leurs biens durant leur abſence, qu'en leurs perſonnes apres leur retour, tout ainſi & en la meſme ſorte que ceux qui contreuiendront à ce noſtre preſent Edict ſans ſortir de noſtre Royaume, les iugeans meſme plus puniſſables en ce que le temps qu'ils prennent, leur donnant lieu de cognoiſtre leur faute, la ſurpriſe & les premiers mouuemens qu'on a dans la chaleur d'vne offenſe fraichemẽt receuë ne les peut excuſer.

VII.

Et quoy que nous eſtimions que la publication de ceſtuy noſtre preſent Edict que nous voulons à l'aduenir eſtre inuiolable, empeſchera tous nos ſubjets de tomber és fautes, contre leſquelles il eſt faict: ſi toutesfois il arriuoit qu'ils fuſſent ſi miſerables que de ne s'en abſtenir pas, & que non contens de commettre tels crimes ſi enormes deuant Dieu & les hommes, ils y attiraſſent & engageaſſent encores d'autres perſonnes, dont ils ſe ſeruiroient pour ſeconds, tiers, ou autre plus grand nombre, ce qui ne peut eſtre faict par aucuns, que pour chercher laſchement dans l'adreſſe ou le courage & ſecours d'vn tiers, la ſeureté de leurs perſonnes, qu'ils veulent expoſer par vanité contre leur deuoir, ſous ceſte ſeule confiance: Nous voulons que ceux qui ſe rendront coulpables à l'aduenir d'vne telle & ſi criminelle laſcheté, ſoient irremiſſiblement punis de mort , ſuiuant la rigueur de nos premiers Edicts , & dés à preſent declarons les appellans & appellez qui ſe ſeruiront deſdits ſeconds, tiers, ou autres, ignobles, eux & leur poſterité decheus de toute Nobleſſe, & incapables de toutes charges pour iamais, ſans que nous ny nos ſucceſſeurs les puiſſent reſtablir & leur oſter la note d'infamie, que iuſtement ils auront encouruë , tant par l'infraction de nos Edicts, que par leur laſcheté: Nonobſtant toutes lettres de grace & de remiſſion qu'ils puiſſent obtenir de nous au contraire, par ſurpriſe ou autremẽt: leſdits ſeconds ou tiers, neantmoins demeurans ſeulement ſujets aux meſmes peines des appellez, ſinon qu'eux meſmes euſſent fait l'appel, auquel cas ils seront punis des peines portees par ce present Edict contre les appellans.

VIII.

Nous voulons en outre & ordonnons que ceux qui possedent des biens à vie seulement sans aucun droict de proprieté, soient pour l'infraction du present Edict, outre les peines de ban portees cy dessus, au moins priuez pour cinq ans des deux tiers de leur reuenu, applicable moitié ausdits Hospitaux & moitié aux autres œuures pies, selon nostre disposition, sans preiudice de plus grandes peines si les cas le meritent.

IX.

Que tous les enfans de famille qui seront cõuaincus de telles fautes outre les peines de priuation de toutes les charges, pensions & incapacité d'en tenir à l'aduenir, au lieu de trois ans de bannissement portez cy dessus, soient retenus autant de temps esttoittement prisonniers.

X. Et

X.

Et afin que noſtre preſent Edict ſoit plus inuiolablement obſerué, Nous voulons que la mort ſoit irremiſſiblement infligée à tous ceux qui pour la ſeconde fois viendront à le violer, comme appellans, de quelque qualité & condition qu'ils puiſſent eſtre.

X I.

Or bien que les crimes ſuſdicts ſoient deteſtables en toutes ſortes de perſonnes, y en ayans neantmoins auſquels par diuerſes conſiderations ils ſont plus horribles, & requierent par conſequent vne particuliere, & plus grande peine que les autres, comme és perſonnes qui les commettent enuers ceux qui les ont nourris & eſleuez, qui ont eſté leurs Tuteurs, qui ſont leurs Seigneurs de fief, qui ont eſté leurs Chefs, & leur ont commandé, & ſpecialement quand leurs querelles naiſſent pour des ſubjects de commandement, chaſtiment ou autre action paſſee durant qu'ils auront eſté ſoubs leur charge, Nous voulons & ordonnons que les coulpables deſdicts crimes ſoient ſans diminutió des peines, cy deſſus punis en outre en leurs perſonnes ſuiuant la rigueur de nos Ordonnances & precedés Edicts.

XII.

Et s'il arriue qu'il y ait eu appel duel ou combat, Nous voulons que la cognoiſſance & iugement en appartienne à nos Cours de Parlement, pour ce qui ſera arriué és Villes où elles ſont ſceantes, aux enuirós d'icelles, ou bien plus loing entre perſonnes de telle qualité & importance qu'ils iugent y deuoir interpoſer leur authorité, & hors ces cas à nos Iuges ordinaires à la charge de l'appel: Auec defenſes à noſtre grand Preuoſt, ſes Lieutenans & tous autres nos Preuoſts, Lieutenans de robbe courte, & autres Iuges extraordinaires d'en cognoiſtre, quelque attribution ou addreſſe qui leur en peuſt eſtre faicte, declarant deſapreſent telles procedures nulles & de nul effect.

XIII.

Or parce que ce n'eſt rien de faire des Loix ſi on ne les fait religieuſement, & inuiolablement obſeruer, pour rendre les peines ſpecifiees par le preſent Edict plus certaines & ineuitables, & oſter toute eſperance de grace & de faueur, Nous declarons deuant Dieu & les hõmes à la deſcharge de noſtre conſcience, que nous auons ſolennellement promis qu'encores que pour autres conſiderations, ou par importunité, nous nous peuſſions cy-deuãt eſtre relachez en quelques occaſions particulieres, de remettre les peines de nos Edicts precedens, Nous n'accorderons iamais ſciemment aucunes lettres pour remettre celles du preſent Edict, que nous auons faict iurer en nos mains aux Secretaires de nos Commandemens de n'en ſigner aucunes, & à noſtre tres-cher & feal Chancelier de n'en point ſeeller, quelque expreſſe iniontion ou commandement qu'ils en puiſſent receuoir de noſtre part: ains refuſer abſolument tous ceux qui pourſuiuront telles graces, nonobſtant qu'ils expoſent les faits comme douteux, & les deguiſent pour les faire paroiſtre rencontre inopinée. Que nous tiendrons nos Conſeillers pour preuaricateurs ſi iamais ils conſentent au contraire, & manquent à nous aduertir en gens de bien de ce à quoy nous nous obligeons par le preſent Edict: Que nous auons defendu & defendons à toutes perſonnes de quelque qualité & condition qu'elles ſoyent, de nous faire aucune priere au contraire, en declarant infracteurs de nos Loix, ennemis de noſtre reputation, & indignes de noſtre bonne grace, tous ceux qui mediatement ou immediatemẽt l'oſeroiẽt entreprendre. Et pour empeſcher que les coulpables ne reçoiuent aucune faueur ou aſſiſtance, nous defendons à toutes perſonnes de quelque condition qu'elles puiſſent eſtre, de donner retraicte aux contreuenans à ce preſent Edict, à peine d'eſtre bannis pour vn an de noſtre Court: Et partant ſi aucunes Lettres contraires ſe trouuoient cy apres expediées, pour quelque cauſe & ſoubs quelque pretexte que ce ſoit, nous voulons qu'elles ſoyent nulles & de nul effect, comme données par surprise, contre nostre intention & nostre foy: Faisans tres-expresses defenses à tous nos Iuges & Officiers ausquels elles seroient addressées, d'y auoir aucun esgard, sur les mesmes peines que dessus.

XIIII.

Et d'autant que quelques vns se voyans appellez se pourroient engager au combat, non par seule fureur & passion brutale, comme il arriue souuent, mais par la crainte d'estre soubçonnez de manquer de valeur & de courage s'ils refusoiét d'y aller: pour leuer ceste vaine apprehension, & en outre recompenser le merite & sagesse de ceux qui conduits par la raison, par l'amour & crainte de Dieu, ou par vn desir religieux d'obeyr à nos Loix, refuseront le duel estans appellez, & se reserueront à employer leur courage aux occasions legitimes qui le peuuent requerir, pour le bien de nostre seruice, & l'aduantage de nostre Estat, Nous declarons que nous reputons & reputerons tousiours tels refus pour marques & tesmoignage d'vne valeur bien conduicte, digne d'estre employée par nous aux charges militaires, & plus honorables & importantes: Comme nous promettons & iurons deuant Dieu de les en gratifier tres-volontiers, quand les occasions s'en offriront.

XV.

Et afin que ceux qui sont offensez ou croyent l'estre, ne se laissent transporter à la fureur de ce crime, soubs couleur de ne pouuoir retirer satisfaction des iniures qu'ils pretendroient auoir receuës: Nous enioignons aux Officiers de nostre Couronne qui se trouuerōt plus proches de l'offensant,

& aux Gouuerneurs & Lieutenãs Generaux de nos Prouinces, Capitaines & Gouuerneurs particuliers de nos Villes & Chasteaux, que dans l'estenduë de leurs charges, sur les aduis qu'ils auront des differens suruenus entre ceux qui y font profession des armes, ou sur les plaintes qui leurs seront faites par les offensez, ils mandent & facent venir aussi tost deuant eux les offensans, pour auec l'aduis de deux ou trois Gentils-hommes voisins, sages & bien sensez, ordonner vne satisfaction si honorable à l'offensé que il ayt subject d'en demeurer content : estant necessaire pour empescher l'insolence de ceux qui offensent trop legerement, de les chastier par des reparatiõs aussi rigoureuses à ceux qui les font, qu'honorables à ceux qui les reçoiuent. Et au cas que l'vn ou l'autre ne veuille deferer à ce qui par eux aura esté arresté, ils seront par nosdicts Gouuerneurs, Lieutenans Generaux & Officiers susdits, rẽuoyez pardeuant nos tres-chers & bien amez Cousins, les Connestable & Mareschaux de France, estant prés nostre personne, ou aux Prouinces dans lesquelles tels cas pourroient estre arriuez, Ausquels nous donnons de nouueau toute authorité de decider & iuger absolument tous differends de ceste nature sur le point d'honneur, & reparation d'offense, soit qu'ils soient arriuez dans nostre Cour, ou en quelque autre endroict de nostre Royaume que ce puisse estre. Entendons toutesfois que pour les differents arriuez en nostredite Court, & suite, nosdicts Cousins les Connestable & Mareschaux de France qui s'y trouueront en prennent les premiers cognoissance, & pouruoyent selon l'ordre susdict à tout ce qui sera besoin, sans neantmoins que les offensez, ou pretendans l'estre, lesquels pour les reparations desdictes offenses, soit à l'honneur, biens, ou autre interest, en voudront faire leur plaincte & poursuitte par deuāt nos Iuges ordinaires, en puissent estre empeschez, ny appellez pour ce à la requeste des offensans deuant nosdicts Cousins les Mareschaux de France, Lieutenans ou Gouuerneurs de nos Prouinces, deuant lesquels ils seront seulement tenus de respondre aux plainctes que l'on voudroit faire d'eux, sans preiudice de leurs actions iuridiques.

XVI.

Et au cas que lesdictes parties offensantes refusent de subir le iugement desdicts Gouuerneurs de nos Prouinces & Villes, ou en leur absence de leurs Lieutenans, Et que sur ce elles ne ſe pouruoyent pas ſur le renuoy pardeuant nos Couſins les Conneſtable, & Mareſchaux de France: Nous enioignons auſdicts Gouuerneurs & Lieutenans de les faire pourſuiure, & apprehēder par les Preuoſts de noſdicts Couſins, les Mareſchaux de France, & les contraindre par toutes voyes de ſubir le iugement qu'ils auront donné, voire meſme les mettre & retenir en priſon, iuſques à ce qu'elles y ayent ſatisfaict, & les condemner à l'amende, & autres peines qu'ils iugeront raiſonnables pour la reparation de la deſobeiſſance & du retardement.

XVII.

Et pour leur donner moyen de terminer facilement tous differends de ceſte nature, & de faire reparer toute iniure, Nous nous obligeons d'accorder ſur leurs aduis, tout ce que noſtre cõſciẽce nous pourra permettre pour la ſatisfaction des offenſez : Voulans que tout ce qu'ils prononceront touchant le point d'honneur & reparation d'offenſe, ſoit ſi religieuſement executé de toutes parts, que ſi quelqu'vne des parties vient à y manquer, outre les peines de priſon & autres qu'ils leur pourront impoſer, ils ſoyent deſcheus des priuileges de Nobleſſe. Enioignans pour cet effect à nos Eſleus, Officiers & Aſſeeurs des Tailles, de les comprendre au roolle d'icelles, & les taxer ſelon leurs facultez, ſans vſer d'aucune conniuence ny retardement, ſi toſt qu'ils auront veu les Iugemens rendus par noſdicts Couſins les Conneſtables & Mareſchaux de France, & autres de nos Gouuerneurs & Officiers cy deſſus mentionnez : Sur peine auſdicts Eſleus & autres Offiiers de noſdites

Tailles de priuation de leurs charges, & d'en respondre en leur propre & priué nom, le tout comme dict est, sans preiudice des actions ciuiles que les vns & les autres pourront auoir à intenter ou poursuiure deuant les Iuges ordinaires, par l'ordre & les formes iuridiques. Lesquelles neãtmoins nous exhortons nosdicts Cousins & autres qui seront employez au iugement des querelles & offenses, de composer & accorder amiablement autant qu'il se pourra faire, pour oster toute occasió au renouuellement des aigreurs & animositez qui produisent ces accidens funestes.

XVIII.

Et d'autant que par la negligence de nos Officiers susdicts, lesquels nous voulons vaquer assiduément à terminer les querelles qui naistront entre nostre Noblesse & autres gens faisans profeſſion des armes, ou par la conniuence dont ils pourroient vſer pour fauoriſer l'vne des parties, il pourroit arriuer que noſtre intention n'auroit pas l'effect que nous deſirons, veu que l'execution d'icelle depend de leur ſoin & de leur vigilance, Nous enioignons & tres-expreſſement commãdons tant à tous noſdicts Couſins les Conneſtable & Mareſchaux de France, que Gouuerneurs & Lieutenans generaux deſdites Prouinces, de tenir la main exactement & diligemment à l'obſeruatiõ de noſtre preſent Edict, ſans permettre que par faueur, conniuence & autre voye, il y ſoit contreuenu en aucune ſorte & maniere.

SI DONNONS EN MANDEMENT à nos amez & feaux Conſeillers les gens tenans nos Cours de Parlements Baillifs, Seneſchaux, & autres nos Iuſticiers & Officiers qu'il appartiendra, que le contenu en ces presentes, ils facent lire, publier & enregistrer, garder & obseruer, gardent & obseruent inuiolablement, & sans l'enfraindre : CAR tel est nostre plaisir. Et afin que ce soit chose ferme & stable à tousiours, nous auons signé ces presentes de nostre propre main, & à icelles faict mettre & apposer nostre seel, sauf en autre chose nostre droict, & l'autruy en toutes. DONNE à Paris au mois de Feurier l'an de grace mil six cens vingt six. Et de nostre regne le seiziesme. Signé, LOVIS. Et plus bas, Par le Roy, DELOMENIE. Et à costé, VISA. Et seellé du grand seau de cire verte, sur lacs de soye rouge & verte. Et plus bas est escrit.

Leuës, publiées & registrées, ouy & ce requerant le Procureur general du

Roy, pour estre executées, gardées & obseruées selon leur forme & teneur, & coppies collationnées d'icelles enuoyées aux Bailliages & Seneschaussées de ce ressort, pour y estre pareillement leuës, publiées & registrées & executées à la diligence des Substituts dudict Procureur general, ausquels enioinct d'y tenir la main, & d'en certifier la Cour auoir ce faict au mois. A Paris en Parlement le vingt quatriesme Mars mil six cens vingt six.

Signé, *DV TILLET.*

www.ingramcontent.com/pod-product-compliance
Lightning Source LLC
LaVergne TN
LVHW010305230826
846091LV00007BB/2715

* 9 7 8 2 3 2 9 3 3 6 8 9 3 *